AF555523

SOCIÉTÉ DE GÉOGRAPHIE DE LILLE

PASCAL-FRANÇOIS JOSEPH

GOSSELLIN

GÉOGRAPHE LILLOIS

PAR

L. QUARRÉ-REYBOURBON

Officier d'Académie,
Archiviste de la Société de Géographie de Lille,
Membre de la Société de Géographie commerciale de Paris, etc.

Lu en Sorbonne le 1er juin 1887 (section de Géographie historique et descriptive).
Présenté à la Société de Géographie de Lille le 28 octobre 1887.

LILLE,
L. QUARRÉ, LIBRAIRE-ÉDITEUR,
Grande-Place, 64.
1887.

OUVRAGES DU MÊME AUTEUR :

ESQUERMES, LA MADELEINE-LEZ-LILLE, notices publiées en 1851, dans la journal *La Liberté*. Lille. 1875. In-8°.

CAUSERIE SUR RAMEAU, faite à la Société régionale d'Horticulture, le 4 février 1883 (insérée dans le journal de la Société).

JOURNAL DU ROY EN FLANDRE, avec une relation de ce qui s'est passé sur le vaisseau l'Entreprenant et aux combats des deux frégates à la rade de Dunkerque. — A Paris, au bureau d'adresses aux galeries du Louvre devant la rue St-Thomas, le 7 août 1680, avec privilège. *Réimpression fac-simile* avec une introduction historique et bibliographique. Lille, 1883. In-24, couverture imprimée rouge et noir avec les armes de Lille.

L'HORTICULTURE A LILLE AVANT 1792. Causerie faite à la séance générale de la Société régionale d'horticulture de Lille, le 7 octobre 1883. Lille, 1883. In-32.

CAUSERIE ANECDOTIQUE SUR LES ORCHIDÉES, faite à la séance générale d'horticulture du Nord de la France, le 3 février 1884. Lille, 1884. Grand in-8°.

L'HORTICULTURE AU CENTRE DE LA FRANCE, et visite à la magnifique propriété de M. Mame, de Tours, causerie faite à la séance générale de la Société régionale d'horticulture, du 1er juin 1884. Lille, 1884. Grand in-8°.

UNE MONNAIE FRAPPÉE A LILLE, extrait de la Revue belge de numismatique. Bruxelles, 1883. In-8°, figure.

Biographie Béthunoise. JEAN-FRANÇOIS LE PETIT, historien. Béthune, 1884. In-12.

Biographie Béthunoise. ANTOINE DESLIONS, poète et historien. Béthune, 1884. In-12.

Abbaye de Liessies. NOTICE SUR DOM ETTON LARIVIÈRE, religieux de cette maison. Lille, 1884. In-12.

DE PARIS A LONDRES AU COMMENCEMENT DU DIX-HUITIÈME SIÈCLE. (Récit inédit) présenté à la Société de géographie de Lille. Lille, 1885. Grand in-8°.

CHRONIQUE D'UNE MAISON LILLOISE, racontée par ses parchemins. *Lue en Sorbonne le 8 avril 1885*. Lille, 1885. In 8°, figures, plans, tableau, titre et couverture imprimés rouge et noir, aux armes de Lille coloriées.

HISTOIRE DE LA VILLE DE BÉTHUNE, tirée des anciennes chroniques de Flandre et d'Artois, manuscrit inédit publié avec une table des matières. Lille, 1885. In-24, papier vergé, titre et couverture imprimés rouge et noir avec les armes de Béthune coloriées.

Biographie artésienne. UN RÉGICIDE, étude historique. Béthune, 1886. In-12.

LA VILLE DE GANNAT ET SON ÉVANGÉLIAIRE DU Xe SIÈCLE, souvenir de voyage. Lille, 1886. In-8°, figure.

LONDRES AU COMMENCEMENT DU XVIIIe SIÈCLE d'après des documents inédits, présenté à la Société de géographie de Lille. Lille, 1886. Grand in-8°.

Souvenirs Béthunois. UN ÉPISODE DE LA RÉVOLUTION A BÉTHUNE. Lille, 1886. In-12.

BLANKENBERGHE ET SES ENVIRONS, souvenirs de voyage, présentés à la Société de géographie, le 28 octobre 1886. Lille, 1886. Grand in-8°, carte.

ESSAI BIBLIOGRAPHIQUE ET CATALOGUE DE PLANS ET GRAVURES CONCERNANT LE BOMBARDEMENT DE LILLE EN 1792. Lille, 1887, In-8°, fig. et fac-simile, titre et couverture imprimés rouge et noir.

PASCAL-FRANÇOIS-JOSEPH

GOSSELLIN

GÉOGRAPHE LILLOIS.

PASCAL-FRANÇOIS-JOSEPH

GOSSELLIN

GÉOGRAPHE LILLOIS

PAR

L. QUARRÉ-REYBOURBON

Officier d'Académie,
Archiviste de la Société de Géographie de Lille,
Membre de la Société de Géographie commerciale de Paris, etc.

Lu en Sorbonne le 1er juin 1887 (section de Géographie historique et descriptive).
Présenté à la Société de Géographie de Lille le 28 octobre 1887.

LILLE,
L. QUARRÉ, LIBRAIRE-ÉDITEUR,
Grande-Place, 64.
1887.

Pascal-François-Joseph GOSSELLIN

GÉOGRAPHE LILLOIS.

La découverte que j'ai faite de quelques lettres et papiers de Gossellin m'a inspiré l'idée de rechercher des détails sur la vie de ce savant géographe Lillois, qui est peu connue. La plupart des renseignements relatifs à cet auteur ne se trouvent que dans des recueils qui ne sont guère à la portée du public. Ces livres même sont rares, et j'ai cru utile de faire un résumé de ce qui a été écrit sur Gossellin, en y ajoutant les documents inédits qui sont en ma possession et des notes bibliographiques.

J'ai saisi l'occasion de vulgariser la vie d'un Lillois, dont l'existence est aujourd'hui bien ignorée de ses concitoyens.

Le 6 décembre 1751, naissait à Lille *Pascal-François-Joseph* GOSSELLIN (1) d'une de ces familles flamandes où la droiture, l'amour du

---

(1) Extrait de Baptême : « Le sept de Décembre 1751 a été baptizé Pascal, Fran-
» çois, Joseph Gossellin, né hier, fils légitime du s[r] Joseph, négociant, et de D[elle]
» Catherine Élisabeth Muys, le parrain le s[r] Pascal Dorchie, la marraine D[elle] Marie
» Françoise Angélique de Warenghien.

» *Signé* : P. DORCHIES, JOSEPH GOSSELLIN, DE WARENGHIEN,
» LAGACHE, P. F. DUPRET, *Past.-Doyen.* »

Gossellin était allié à la famille Bernard, de Lille, par suite du mariage de son frère cadet : Bon-Ami Gossellin, qui épousa le 30 août 1785, Catherine-Judith Bernard, fille de Claude-Joseph et de Catherine-Françoise Lagache.

Dans l'almanach historique et raisonné des architectes, peintres, sculpteurs, graveurs et ciseleurs, année 1777, in-18, à Paris, chez la Ve Duchesne, libraire, rue St-Jacques-du-Temple, au Goût, MDCCLXXVII. On trouve pages 246 et 247 : ÉCOLES PUBLIQUES ET GRATUITES DE DESSIN DE LILLE.

AMATEURS POSSÉDANT DES CABINETS :

M. Gosselin père, possède un beau cabinet d'estampes et de coquillages.

M. Gosselin fils, a formé une très belle collection de médailles anciennes.

On voit par cette annonce que l'orthographe du nom Gosselin a souvent été fautive. Il en est de même sur les plaques de la rue de la ville de Lille, qui porte le nom de ce savant géographe, où il est écrit Gosselin au lieu de Gossellin, toutefois l'arrêté du Maire dit bien Gossellin.

travail et la régularité semblent une portion du patrimoine, il reçut l'instruction convenable à un jeune homme qui, comme ses parents, n'avait pas d'autre ambition que d'exercer la profession du commerce. A l'en croire, il n'aurait pas poussé bien loin ses études classiques; mais il répara si bien ce premier désavantage qu'on n'a, pour le croire réel, qu'un seul témoignage, et c'est justement celui qu'une excessive modestie rend un peu suspect. Quoi qu'il en soit, il manifesta de bonne heure le goût qui l'entraînait vers les sujets d'érudition A peine âgé de quinze ans, il conçut le plan d'un traité de chronologie, et l'exécuta en partie avec le soin qu'il mettait à tous ses travaux. Il a brûlé lui-même ce premier fruit de sa jeune critique, et laissé par là des regrets à ceux qui, en ayant pris connaissance, l'avaient jugé ingénieux et digne d'être publié.

Cependant, ses parents qui comptaient sur lui pour donner un certain essor à leurs affaires, le firent voyager, afin de lui inspirer le goût du commerce; mais ces voyages mêmes, qui le conduisirent dans les grandes capitales, donnèrent plus de force à ses penchants pour les sciences et pour l'érudition. Il s'adonna surtout à la géographie, et notamment à la géographie ancienne, sans négliger l'étude des questions commerciales.

Pendant les voyages qu'il fit en France, en Italie, en Espagne et dans les Pays-Bas (1), il s'occupa tout particulièrement à visiter et à observer les diverses positions indiquées dans les itinéraires romains. Il recueillit un grand nombre de matériaux et de notes qui lui servirent ultérieurement pour les travaux qu'il comptait publier.

Quand il put disposer de lui-même, il résolut de renoncer à la carrière dans laquelle on l'avait lancé, et de se fixer à Paris; mais, l'expérience qu'il avait acquise dans les matières commerciales ne fût point perdue pour lui, ni pour son pays.

Il fut, en 1784, envoyé comme député pour la Flandre, le Hainaut et le Cambrésis, au Conseil Royal de Commerce, institution qui datait de près d'un siècle, et où les intérêts de l'État étaient représentés par quatre magistrats et douze négociants. Notre concitoyen s'acquitta de ses fonctions avec cette conscience et cette exactitude qui furent, dans tout le cours de sa vie, au nombre des qualités distinctives de son caractère. Il n'écrivait rien, pas même un billet, sans que le style fut

(1) Pendant les années 1772, 1773, 1774 et 1780.

correct et clair, sans que l'écriture fut nette, admirablement formée, parfaitement alignée et exempte de toute rature. Nous avons de lui un certain nombre de lettres : elles prouvent complètement cette assertion. Gossellin composa pour le Conseil Royal, des mémoires sur le commerce de Dunkerque, de Lille, de Bordeaux et du port franc de Marseille. Quoique la Commission dont il était revêtu fût annuelle, Gossellin y fût constamment maintenu par la confiance de ses concitoyens. Sa grande activité et son aptitude aux affaires, le firent remarquer par le roi Louis XVI qui, lorsque la Révolution de 1789 fit disparaître le Conseil Royal du Commerce, le nomma dans l'Administration centrale du Commerce de France, création destinée à remplacer la première institution, mais condamnée à disparaître en 1792.

Gossellin employa avec ardeur, à ses études favorites, les loisirs que lui laissèrent pendant cinq années ses fonctions au Conseil Royal du Commerce. Il se mit de nouveau à voyager en Suisse, en Italie, en Espagne, et se lia avec tous les hommes de mérite qu'il eut occasion de voir dans ses voyages : avec Muller, l'historien suisse ; avec Necker, à Genève ; avec d'Hancarville, à Venise ; il visita Voltaire à Fernay, et fit copier de la musique à Jean-Jacques Rousseau.

Tous les genres de connaissances exactes avaient de l'attrait pour Gossellin, et cet homme qui, de tous les savants de son temps, a peut-être été le plus exclusif, le plus spécial ; qui a restreint tous ses efforts à une seule des branches de la science à laquelle il s'était voué, commença d'abord par se livrer à la fois à la chimie, aux mathématiques, à l'histoire naturelle. Il puisa, dans la société de Romé-Delisle, du goût pour la critallographie, et forma même une collection minéralogique. Mais enfin la numismatique et la géographie ancienne l'emportèrent sur tous les autres genres d'études auxquels il s'adonnait. Il jeta les fondements d'une collection de médailles, où il réunit plus de 500 impériales romaines d'argent. A cette remarquable série monétaire était jointe une magnifique patère, trouvée en 1793 au mont Esquelin à Rome (1). Malgré ce goût si prononcé pour la numisma-

(1) Cette collection a été vendue en mars 1864 par MM. Rollin et Feuardent, experts de Paris. La famille Gossellin en avait offert l'achat à la ville à la condition d'en faire un musée spécial portant le nom de l'enfant de Lille. L'administration municipale chargea un numismate lillois de la négociation de cette affaire. Le prix demandé par la famille était trop élevé, le mandataire de la ville fit, au nom de celle-ci, une offre qui ne fut pas acceptée, comme étant au-dessous de la valeur. Cependant ses prévisions furent justifiées par le résultat de la vente.

tique, il n'écrivit pas une seule dissertation sur cette matière, mais il concourut, avec l'abbé du Tersan, au Catalogue des médailes du Cabinet de M. d'Ennery, qui parut en un volume in-4° en 1788.

A cette époque, Gossellin s'était déjà depuis longtemps livré à la composition d'une suite de mémoires sur la géographie ancienne ; et dès 1777, il en avait écrit deux, l'un sur la *Chersonèse d'or* et sur le *Pays des Sines*. Il n'osa pas mettre au jour des ouvrages qui présentaient des idées différentes de celles du célèbre d'Anville. Cependant, les ayant refondus, il les fit paraître plus tard dans la Géographie des Grecs analysée.

Pendant un séjour que notre concitoyen fit à Plombières, pour la santé de sa femme, en lisant le *Mercure de France*, il eut connaissance du prix que l'Académie des inscriptions et Belles Lettres devait décerner en 1789, et dont le sujet était de comparer ensemble Strabon et Ptolémée, et de marquer l'État où ces deux hommes célèbres avaient trouvé les connaissances géographiques, ainsi que le point où ils les avaient portées. Gossellin concourut, remporta le prix, et dès lors son choix fut fait : il résolut de consacrer tous ses travaux à la géographie ancienne.

Le mémoire qu'il avait présenté au concours, fut imprimé sous le titre de *Géographie des Grecs analysée* (1) en un volume in-4°.

L'auteur y retrace les connaissances des Grecs à l'époque où elles furent recueillies pour la première fois à l'école d'Alexandrie, Posidonius, Pline, Marin de Tyr, aussi bien que Strabon et Ptolémée, furent analysées et comparées. Dans neuf cartes dessinées avec une netteté, une précision qui égalaient celles de d'Anville, il présenta les systèmes géographiques d'Ératosthènes, de Ptolémée, de Strabon, et en comparant leurs calculs rectifiés avec les erreurs dont eux-mêmes nous indiquent les causes, Gossellin trouve que les anciens avaient connu

---

(1) Géographie des Grecs | analysée, | ou | les systèmes d'Erotosthènes, de Strabon et de Ptolémée | comparés en eux | et avec nos connaissances modernes, | ouvrage couronné par l'académie royale des inscriptions et belles-lettres, | par M. Gossellin, | député de la Flandre, du Hainaut et du Cambrésis, | au Conseil royal du commerce.

Videndum est, non modò quid quisque loquatur, sed etiam quid quisque sentiat, atque | etiam quâ de causâ quisque sentiat.

(Cicero, de Officiis, lib. I, § 41).

à Paris, de l'Imprimerie de Didot l'aîné | MCCLXXXX. |

4 pages avis et division de l'ouvrage, 148 pages, 8 pages tableaux, xxvij pages de tables, 2 pages, extrait du registre de l'académie et errata in-4° et 10 cartes.

la valeur du degré terrestre et, par conséquent, la grandeur exacte de la circonférence de la terre; que le mot stade exprimait différentes sortes de mesures, dont les anciens eux-mêmes nous avaient donné la valeur, en nous disant le nombre de chaque genre de stades renfermées dans un degré du grand arc de la sphère; qu'il suffisait, dans bien des cas, de réduire un stade en un autre pour retrouver les distances des lieux parfaitement conformes à celles que nous donnaient nos cartes modernes. Tel est le principe sur lequel Gossellin a basé toutes ses recherches sur la Géographie des anciens. Excepté dans son mémoire sur la Sérique, Gossellin n'a jamais appliqué cette méthode que pour déterminer les cotes et rétablir, si on peut s'exprimer ainsi, l'hydrographie de Ptolémée; mais en même temps il analysait les travaux de tous les géographes anciens qui avaient précédé le géographe d'Alexandrie, et retraçait l'histoire des aberrations ou des progrès de la géographie. Toutes les mesures dont se sert Gossellin sont, comme celles qu'ont données Érastosthènes et Ptolémée, des mesures en degré et en portions de degré, c'est-à-dire des mesures astronomiques. Pour admettre ces mesures comme exactes; mais leurs énormes erreurs dans les détails ne permettaient pas une telle supposition, Gossellin se crut donc autorisé à émettre l'opinion que la Géographie des Grecs était les débris d'un système exact, que ce peuple avait altéré, et dont un peuple ancien, inconnu, qui avait poussé loin les observations astronomiques, était l'auteur.

Le travail de Gossellin fut diversement apprécié, on l'accusa de reposer sur un système, sur des hypothèses. Ce qui est incontestable, c'est que notre concitoyen a calculé, avec une admirable patience, de nombreuses tables numériques pour pouvoir convertir un nombre déterminé de stades dans un autre stade; ou chacun de ces stades, degrés, minutes et secondes d'un grand cercle de la sphère, en milles romains; et pour obtenir, par un nombre déterminé de degrés, minutes et secondes, et de milles romains, le nombre correspondant en stades de différents modules. Dès que, sur une même cote qui présente un grand nombre de distances, on se sert du même stade, quel qu'il soit, comme a toujours fait Gosselin, il n'y a pas d'arbitraire, il n'y a plus de systèmes; la concordance des mesures de la carte ancienne et de la carte moderne, est une preuve de l'exactitude du travail du géographe. Aussi, cette analyse détaillée des cartes anciennes a-t-elle quelquefois forcé Gosselin à rectifier les conclusions que lui avaient fait prendre des mesures générales et isolées, comme on en voit un exemple remarquable au sujet de la Chersonèse d'or que, dans la Géographie des Grecs analysée, il place dans le Pégace et qui, dans le troisième volume de ses *Recherches*, se trouve reportée plus à l'Orient dans la presqu'île de Malacca. Ces explications étaient nécessaires pour comprendre le récit des travaux géographiques de Gossellin Elles sont extraites d'un travail fait par M. Walkenar, ami de notre concitoyen.

La Révolution arrivait au moment où Gossellin commençait à se vouer à l'étude de la Géographie ancienne. Son goût pour le travail et le peu d'entraînement qu'il avait à se mêler aux hommes du mouvement, l'engagèrent à se livrer avec plus d'ardeur encore à ses recherches, à ses profondes méditations sur une science bien ardue, mais bien intéressante. Aussi, fût-il heureux, au sortir de la tourmente, d'avoir pris une telle habitude de ne se laisser distraire, ni par le monde, ni par les plaisirs. Il ne sortait de son cabinet que quand des devoirs impérieux l'y forçaient. Il consacra tous ses moments au travail, se levant de grand matin ; se couchant de bonne heure ; ne dînant jamais en ville ; réglant toutes ses journées de manière qu'aucun moment ne fût perdu ; et laissant quelquefois amasser sur sa table les lettres qu'on lui écrivait, sans les décacheter, lorsqu'il était occupé à la solution de quelque problème géographique ou qu'il avait à terminer quelque carte déjà commencée. Sa méthode de travail, pour tous les mémoires qui composent ses quatre volumes de Recherches sur la Géographie systématique et positive des anciens, fût toujours la même. Il commençait par la fin : c'est-à-dire qu'il refaisait d'après le texte de Ptolémée la carte des cotes du pays dont il voulait éclaircir la géographie ancienne, ne s'en rapportant pas, comme tous les géographes, aux cartes que Mercator a dressées pour cet auteur. Son tracé était double, l'un en noir pour les variantes du texte latin. l'autre en rouge pour les variantes du texte grec. Il comparait les distances données par ce tracé avec celles de la carte moderne, et retrouvait, par des essais successifs, le stade qui convenait à toute une étendue de côte. S'il y avait perturbation, erreur dans la carte ancienne, il en recherchait les causes et épuisait toutes les combinaisons, toutes les suppositions qui pouvaient en donner l'explication ; il choisissait les plus probables, et s'aidait alors de tous les renseignements, des moindres rapports de noms pour leur donner plus de force, sans parler des autres conjectures qui l'avaient souvent occupé longtemps. Une fois cette concordance établie entre la carte de Ptolémée et la carte moderne, il se livrait à l'étude de tous les géographes antérieurs pour le même pays et les mêmes lieux, et il cherchait à ramener toutes ses explications au travail de Ptolémée. Puis, après avoir remis au net ses tableaux de positions et de mesures, il commençait sa rédaction sur de petites feuilles de papier de la grandeur d'un volume in-18. Il n'écrivait ordinairement sur ces papiers que d'un côté, et le plus souvent une phrase sur chacun ; il mettait ses petits papiers numérotés dans un cahier, et chaque fois qu'il faisait sur l'un d'eux un changement, ne fût-il que d'un seul mot, ajouté ou retranché, il transcrivait la phrase sur une nouvelle feuille et déchirait l'ancienne. Quand il ne trouvait plus de changements, ni d'additions à faire à un mémoire ainsi écrit sur ces nombreux morceaux de papier, qu'il avait relus plusieurs fois, il transcrivait tout le mémoire sur un cahier, et tous les feuillets où il y avait rature ou addition, étaient recopiés de nouveau. Malgré tous ces soins, il faisait encore des changements à l'impression. Comme tous ces mémoires furent imprimés aux frais de l'État, à l'Imprimerie Royale ou Nationale, et qu'il y a dans cet établissement d'excellents correcteurs qui sont de savants grammairiens, il en payait un pour revoir des épreuves, et lui faire toutes les observations grammaticales qu'il croirait utiles. Jamais il ne servit d'un secrétaire ou d'un copiste, ou d'un dessinateur pour ses ouvrages imprimés ni pour ses cartes : les tables des matières mêmes de chacun de ses volumes ont été faites par lui avec les mêmes soins et les mêmes précautions que le reste. En parlant des travaux de notre concitoyen, M. L. de Fontanes dit que les mémoires géographiques de Gossellin sont, pour la pureté du style et la clarté dans l'exposition des idées, un modèle de rédaction académique, et cet éloge, donné par un si excellent juge, n'a jamais été démenti.

La Géographie des Grecs analysée avait paru en 1790, et l'Académie des Inscriptions reçut l'auteur au nombre de ses membres en 1791. Dès le 10 mai de cette année, il lut à cette Compagnie ses *Recherches sur les Connaissances géographiques des anciens sur les côtes méridionales de l'Arabie*, qui ont été insérées dans le tome 49 des mémoires de cette Académie, page 750, et réimprimées dans le tome 3 des Recherches de l'auteur (1). Le 31 mai de la même année, les *Recherches sur la Sérique des anciens et sur les limites de leurs*

(1) Recherches sur la Géographie systématique et positive des Anciens, pour servir de base à l'histoire de la Géographie ancienne. *Paris, Imprimerie de la République*, an VI (1797)-1813, 4 volumes grand in-4°.

connaissances dans l'intérieur de l'Asie, qu'il a réimprimées dans le tome 4 de ses *Recherches*. Le 16 novembre 1792, Gossellin lut à l'Académie ses *Recherches sur le système géographique de Polybe*, et le 21 juin 1792, celles des *limites des connaissances des anciens sur la côte occidentale de l'Afrique.*

Le 8 août 1793, toutes les Académies furent supprimées ; Gossellin continua ses recherches avec plus d'ardeur encore. Mais en 1794, il reçut un arrêté du Comité du salut public ainsi conçu : « Sur la de- » mande du représentant du peuple Calon, le Comité de salut public » met en réquisition le citoyen Gossellin, *érudiste* en géographie, » pour les travaux du département de la guerre. *Signé :* Cambacérès, » Delmar, etc. » ; et d'après les ordres du Comité du salut public, on s'empara des papiers de Gossellin, et on les transporta au dépôt de la guerre ; mais ses *Recherches sur le système géographique d'Hipparque,* et sur *les connaissances géographiques des anciens dans le golfe Arabique*, sur *les côtes occidentales d'Afrique*, et sur *le tour fait par les anciens, de ce continent*, ne pouvaient être d'une grande utilité pour la marche des armées de la République ; et le département de la guerre, après avoir retenu pendant deux ans les papiers de Gossellin, les remit à la Commission d'instruction publique. Il y avait dans cette Commission quelques hommes capables d'apprécier les travaux de notre concitoyen ; ceux-ci firent ordonner l'impression aux frais de l'État des ouvrages de Gossellin. Ainsi, c'est à la spoliation qu'on exerça à son égard, que notre géographe dut l'avantage de voir imprimer, sans frais, des ouvrages qui, trop spéciaux, n'étaient pas de nature à couvrir les dépenses de l'éditeur. Nous possédons une lettre de Gossellin au général ministre de la guerre, datée du 24 thermidor an V (1796), au sujet du règlement de l'indemnité due à l'auteur par le gouvernement pour la cession d'un ouvrage (1).

---

(1) Paris, le 24 thermidor, an 5.

Citoyen général,

J'ai besoin pour établir auprès du Ministre de l'Intérieur ma demande en indemnité pour l'ouvrage que le Cn Calon m'a fait céder au gouvernement, d'une copiecertifiée des trois pièces suivantes, dont vous avez les originaux dans le dépôt de la Guerre :

L'arrêté du comité de salut public du 26 frimaire an 3, qui me met en réquisition pour les travaux du dépôt de la Guerre ;

Le rapport fait au Ministre de la Guerre le 18 messidor an 4, par le Cn Calon, pour se faire autoriser à acquérir mes manuscrits, et à les faire imprimer pour le compte du Gouvernement, sauf à régler les indemnités qui me seront dues ;

Le premier et le deuxième volume des Recherches sur la Géographie, parurent en l'an VI de la République (1797). Avant cette époque, les temps de réparation étaient arrivés : l'Institut avait été formé en 1795 par une loi, afin de remplir le vide que les Académies avaient laissé, et Gossellin fut un des premiers élus dans cette nouvelle Compagnie savante. Il y lut, le 27 janvier 1801, des *Recherches sur les connaissances des anciens dans le golfe Persique.* En 1799, il avait été nommé, en remplacement de l'abbé Barthelemy, le savant auteur du *Voyage du jeune Anacharsis*, conservateur du Cabinet des antiques.

En 1801, le Premier Consul voulant posséder une bonne traduction de Strabon, choisit notre concitoyen pour collaborer à cette œuvre difficile ; devenu Empereur, il le fit chevalier de la Légion d'honneur en 1804. Le travail sur Strabon ne convenait pas au genre d'études de Gossellin, parce qu'il était et qu'il voulait rester en quelque sorte étranger à tout sujet qu'il ne se proposait pas d'examiner à fond (1). Mais il fit pour cet ouvrage, dans le premier volume paru en 1805 et le dernier en 1816, des *Éclaircissements sur la Rose des vents des*

3° La lettre que le Cn Calon m'a écrite le 19 floréal an 5, pour me faire connaître les moyens qu'il comptait proposer au Ministre, pour m'indemniser des travaux que j'avais cédés au Gouvernement.

Je vous prie donc, citoyen général, de vouloir bien me faire adresser une copie certifiée des pièces précédentes ; je vous en aurai beaucoup d'obligation.

Salut et Fraternité,

GOSSELLIN,

Vieille rue du Temple, n° 721.

Une page petit in-4°.

(1) Nous croyons devoir donner quelques renseignements sur cet ouvrage, qui est peu connu.

Géographie de Strabon, traduite du grec en français, format in-4°.

Tome Ier. Paris, de l'Imprimerie nationale, an XIII, 1805, 4 pages avertissement, 3 pages tables, CXIV pour observation, — deux feuillets Roses des Vents, — 513 p., — une page avis au relieur, — cinq cartes gravées.

Tome II. — Paris, de l'Imprimerie impériale, 1809, 2 pages avertissement, — XVI pages tables et index des Éclaircissements, — 424 pages et 156 pages : Éclaircissements pour le tome II Géographie de Strabon.

Tome III. — Paris, de l'Imprimerie impériale, 1812, — XXIV pages tables et index des Éclaircissements, 532 pages et 276 pages Éclaircissements pour le tome III de la Géographie de Strabon.

Tome IV. — Paris, Imprimerie royale, 1814 (1re partie), XVI pages tables, — 339 pages.

Tome VI. — Paris, Imprimerie royale, 1816 (2e partie), XVI pages tables, — 406 p.

anciens, et des observations sur *la manière de considérer les stades itinéraires;* celles-ci, depuis lors, ont produit le *Mémoire sur l'évaluation et l'emploi des mesures itinéraires*, lu à l'Institut de France le 29 juillet 1804. Une lettre de notre concitoyen, à la date du 16 décembre 1801 (1), à M Marcel, directeur général de l'Imprimerie Impériale, engage ce dernier à reprendre l'impression des *Recherches* que sa collaboration à la traduction de Strabon avait retardée.

Gossellin donnait dans ses écrits la clef de la méthode employée par lui dans ses *Recherches*, et il l'accompagnait de nombreuses tables, toutes numériques, pour en faciliter l'usage. Lorsqu'il eut terminé tous ces travaux, ou qu'il ne se sentit plus la force de les continuer, il crut reconnaître l'existence chez les anciens, de trois stades de plus qu'il n'en avait indiqué dans ses *observations sur les mesures itinéraires*, et il lut à l'Académie Royale des Inscriptions et Belles-Lettres, le 31 octobre 1817, des *Recherches sur les principes, les bases et l'évaluation des différents systèmes métriques des anciens*. Ces recherches furent insérées dans le cinquième volume de Strabon (Tome 4, 2e partie), et dans le sixième tome des Mémoires de l'Académie des Inscriptions et Belles-Lettres. Au même sujet, se rattachent les *Observations sur la coudée égyptienne, découverte récemment à Memphis*, que

---

(1) Paris, le 16 décembre 1808.

Monsieur,

Un arrêté du Gouvernement a chargé l'Imprimerie impériale de la publication de mes *Recherches sur la Géographie ancienne*. Deux volumes de ce recueil étaient imprimés lorsque l'Empereur m'a ordonné de coopérer à la traduction française de Strabon. J'ai alors suspendu l'impression de mes *Recherches* pour m'occuper uniquement du travail préparatoire qu'exigeait cette traduction. Maintenant que je suis au courant de cette nouvelle besogne, je viens vous proposer, Monsieur, de reprendre l'impression de mon premier ouvrage, qui est le complément nécessaire des notes abrégées que j'ai mises dans la traduction de Strabon, et auquel je renvoie souvent le lecteur, pour le développement des preuves que je n'ai fait qu'indiquer dans mes notes.

Les mémoires qui restent à imprimer pourront fournir 50 à 60 feuilles au plus, et je vais attendre votre réponse pour savoir si je puis vous envoyer la copie.

Je vous prie d'agréer les assurances de la parfaite considération avec laquelle j'ai l'honneur d'être,

Monsieur,

Votre très humble et très obéissant serviteur,
GOSSELLIN

M. Marcel, Directeur général de l'Imprimerie impériale.
1 page in-4°.

Gossellin fit insérer dans le *Journal des Savants* de décembre 1822 Les annotations sur la Géographie de Strabon ne purent arracher Gossellin au plan de travail qu'il s'était tracé ; il ne leur accordait qu'une faible part de son temps ; aussi sont-elles de peu de valeur, et il a trop abusé de la facilité que lui fournissaient le nombre et les différences des stades grecs, pour expliquer des mesures données par les anciens, dont quelques-unes ne sont pas prises par lui comme les textes anciens le demandaient (1).

Poursuivant toujours le cours de ses investigations, il lut à l'Institut de France, le 29 novembre 1805, *ses Recherches sur les connaissances géographiques des anciens le long des côtes de la Gédrosie ;* puis après, ses *Recherches sur les connaissances des anciens le long des côtes de l'Inde.* Enfin, en janvier 1811, il lut à l'Institut, ses *Recherches sur les connaissances géographiques des anciens le long des côtes occidentales et septentrionales de l'Europe,* qui contenaient trois mémoires : l'un sur l'*Ibérie,* le second sur la *Gaule* et le troisième sur les *Iles Britanniques.* Il avait préludé au dernier mémoire, par une lettre adressée à Pinkerton sur la *fausse configuration de l'Écosse dans la carte de Ptolémée,* insérée dans la traduction française des *Recherches sur les Scythes* du géographe anglais, imprimé à

---

(1) Voici cependant une lettre de Gossellin à M. Desenne, de l'Imprimerie royale, qui prouve la part qu'il prenait à l'impression de la Traduction de Strabon, et de l'ordre qui présidait à ses affaires.

Paris, le 13 janvier 1817.

Monsieur,

Les traducteurs de Strabon ont reçu jusqu'à présent, chacun 25 exemplaires en papier ordinaire, et un exemplaire en papier vélin de cette traduction.

Vous m'avez envoyé 30 exemplaires du tome IV, en papier ordinaire et 2 en vélin ; je dois donc vous remettre 5 exemplaires des premiers et un des seconds. Vous pouvez les faire reprendre quand vous le jugerez à propos, en me rendant le reçu que j'ai donné, et en l'échangeant contre un autre de 26 volumes seulement.

M. Coray et M. Letronne devront recevoir la même quantité de volumes.

En jetant un coup-d'œil sur l'exemplaire en vélin, je me suis aperçu que le feuilles v, x, avaient été tirées sur un papier plus petit que les autres. Cette irrégularité n'est-elle pas trop choquante pour la laisser subsister ?

Quant aux autres distributions que l'Imprimerie royale peut faire de ce nouveau volume, je ne puis vous donner aucun renseignement sur cet objet.

J'ai l'honneur d'être,
Monsieur,

Votre très humble et très obéissant serviteur,
GOSSELLIN.

1 page petit in-4°.

Paris en 1804. Tous les mémoires de Gossellin, lus ou composés depuis la première publication des deux premiers volumes de ses *recherches sur la Géographie systématique et positive des anciens*, fournissent la matière de deux nouveaux volumes in-4°, qui furent publiés en 1813 et formèrent les Tomes 3 et 4 du grand ouvrage.

Si Gossellin mettait un grand prix à la rédaction de ses ouvrages, il ne négligeait pas la partie matérielle, c'est-à-dire l'impression de ses œuvres et la confection de ses notes. On peut en juger par sa lettre écrite le 4 août 1811 à M. le directeur de l'Imprimerie Impériale (1).

En 1814, peu après le retour en France du Roi Louis XVIII, notre compatriote fut nommé officier de la Légion d'honneur. Après la seconde Restauration, il rendit de grands services à la France en établissant, d'une manière certaine, en 1815, la propriété française d'une foule d'objets précieux que les alliés voulaient nous enlever.

Gossellin fut nommé en 1816 un des quatre assistants au *Journal des Savants*, c'est-à-dire un de ceux qui, en l'absence du garde des sceaux, président les conférences des auteurs de ce journal. Il fit pour le tome 1er de la classe d'histoire et de littérature anciennes, un extrait

---

(1) Paris, 4 août 1811.

Monsieur,

En vous quittant hier, j'ai été prendre des renseignements sur les frais que j'aurai à faire, avant de pouvoir livrer le premier des deux volumes qui me restent à publier; et je trouve que pour ne pas interrompre la gravure des cartes, je débourserai cette année, pour ce seul objet, environ 6000 fr. et que j'aurai 3 à 4000 fr. à payer à l'Imprimerie impériale pour ce premier volume.

Le second coûtera beaucoup moins, parce que j'ai compris dans les 6000 fr. précédens, la gravure des cartes qui devront l'accompagner. De sorte qu'il pourrait se réduire à environ 4000 fr.

D'après cet aperçu, une souscription de 400 exemplaires, composée de deux volumes, au prix de 36 fr. (*a*) comme se vendent les deux premiers, me mettrait à peu près hors de frais. Et son excellence avait la bonté d'ajouter à cette faveur, une avance de 8000 fr. à compe des livraisons, je me trouverais en état de faire graver toutes les cartes, et de commencer le premier volume, aussitôt que l'imprimerie impériale aura été autorisée à continuer cette édition.

Je ne puis, Monsieur, que vous renouveler les expressions de ma reconnaissance et vous assurer de la haute considération avec laquelle j'ai l'honneur d'être,

Monsieur,

Votre très humble et très obéissant serviteur,
GOSSELLIN.

1 page petit in-f°.

(*a*) Selon Brunet, les tomes III et IV des Recherches, dont il est question, se vendaient 42 fr.

substantiel très méthodique de toutes ses recherches et de tous ses travaux en géographie ancienne, qui parut en 1815, avec une carte dessinée par lui pour cet extrait et intitulée : *Orbis veteribus noti, veris limitibus circumscripti, specimen geographicum*. Cette carte devint la première d'un atlas in-f°, qui réunissait toutes ses cartes classées méthodiquement. Ce volume a pour titre : *Atlas, ou recueil de cartes géographiques, publiées par P.-F.-J. Gosselin* (75 cartes en 47 feuilles). L'auteur y prend le titre d'associé étranger de l'Académie de Gœttingue, qui venait de lui être conféré par cette savante Compagnie.

Tels sont les travaux de Gossellin qui ont ont été mis au jour. *La Biographie des hommes vivants*, y joint à tort la partie de *Géographie ancienne*, dans le *rapport fait par la classe d'histoire de l'Institut*, présenté à l'Empereur et Roi en son Conseil d'État, le 8 février 1808, et imprimé en 1813, pages 163 à 190. Il est bien vrai que Gossellin fut nommé par la classe pour faire ce rapport, et qu'il est dit par cette raison, dans l'avertissement, qu'il en est l'auteur ; mais un de ses amis se chargea pour lui de cette tâche. Ne connaissant aucune langue étrangère, notre compatriote ne pouvait lire aucune des nombreuses productions d'auteurs étrangers qui sont cités et appréciés dans ce rapport. C'est ce que Gossellin a souvent déclaré lui-même et consigné par écrit, lorsqu'il en a pu trouver l'occasion.

Gossellin a encore composé un *Mémoire géographique sur la Corse*, et une *Réfutation d'un mémoire*, manuscrit de Delambre, intitulé : *Remarques sur la méthode proposée par M. Gossellin pour évaluer les stades itinéraires des Anciens*. Ces deux écrits ont été remis par le savant géographe à un de ses amis qui se proposait de les publier.

Dans l'*Encyclopédie des Gens du Monde*, M. Gonec dit qu'il n'a manqué à Gossellin que de discuter les divers points des côtes de la Méditerranée où s'étaient établis les anciens Pélasges.

Depuis quelques années, la santé de Gossellin s'était considérablement altérée et les forces avaient sensiblement décliné. Malgré une organisation vigoureuse qui semblait devoir rassurer ses amis, le 8 février 1830, une mort paisible vint terminer une existence vouée tout entière à la science, à l'amitié, à la vertu. Cette perte a laissé des regrets durables à tous ceux qui l'ont connu.

Gossellin était grand, fort, avait une belle figure, des manières distinguées et polies, par l'habitude du grand monde qu'il avait fréquenté dans sa jeunesse (1). La prudence, la loyauté, la franchise, la constance en l'amitié, l'égalité d'humeur, une conversation douce et enjouée, formaient les traits distinctifs de son caractère, et il a été certainement l'un des hommes les plus honorables qui se soient jamais consacrés aux sciences et à l'étude.

Son éloge fut lu en séance publique le 21 juillet 1830 et imprimé dans le tome IX des Mémoires de l'Académie des Inscriptions et Belles-Lettres de l'Institut de France. Cet éloge est de M. Abel de Rémusat, qui suppléait alors M. Dacier, trop âgé et trop malade, pou r remplir à cette époque ses fonctions de secrétaire perpétuel.

Gossellin a été remplacé à l'Académie par M. Van Praet, son plus ancien collègue à la Bibliothèque du Roi.

En 1790, le profil de Gosselin fut gravé sur pierre fine par l'habile artiste Jeuffroy, de l'Institut, et il en a été répandu plusieurs empreintes sur verre, qui ont été distribuées à ses amis.

En 1829, le peintre, Louis-Léopold Boilly, fit un portrait en lithographie de notre compatriote, avec cette légende : *Institut Royal de France. Acad*[le] *des Inscript*[ons] *et Belles-Lettres* (*Géographie ancienne astronom*[que]) *Gossellin* (*Pascal-François-Joseph*). *Officier de la Légion d'honneur, né à Lille le 6 décembre 1751 ; élu à l'Acad*[le] *en 1771, à l'Institut en 1795.*

Il existe un médaillon en bronze, fait par Depaulis en 1829, ayant seize centimètres et demi de diamètre et portant en légende : *P.-F.-J. Gossellin de l'Académie Royale des Inscriptions et B. Lettres. Conservateur administrateur de la Bibliothèque du Roi.*

Depuis la mort de Gossellin, les sciences de l'histoire, de l'archéologie et de la géographie, ont fait d'immenses progrès, la facilité des relations, les découvertes faites, sont venues compléter les travaux de ce savant géographe, sans leur ôter le mérite d'avoir servi de bases à ceux de ses successeurs en érudition.

---

(1) Il était très lié avec Madame Thiroux d'Arconville, femme d'esprit, née en 1720, morte en 1805, auteur de plusieurs ouvrages estimés : *Traité de l'Amitié*, 1763, etc., etc.

C'est entre les mains de Gossellin que passèrent les manuscrits inédits de cette dame, parmi lesquels des *Souvenirs* sur sa vie.

Lille Imp. L. Danel.

Paris le 4 Août 1811.

Monsieur,

En vous quittant hier, j'ai été prendre des renseignemens sur les frais que j'aurai à faire, avant de pouvoir livrer le premier des deux volumes qui me restent à publier; et je trouve que pour ne pas interrompre la gravure des cartes, je débourserai cette année, pour ce seul objet, environ 6000 f.r et que j'aurai 3 à 4000 fr. à payer à l'Imprimerie impériale pour ce premier volume.

Le second coutera beaucoup moins, parce que j'ai compris dans les 6000 fr. précédens, la gravure des cartes qui devront l'accompagner. De sorte qu'il pourroit se réduire à environ 4000 fr.

D'après cet aperçu, une souscription de 400 exemplaires, composés de deux volumes, au prix de 36 fr, comme se vendent les deux premiers, me mettroit à peu près hors de frais. Et si Son Excellence avoit la bonté d'ajouter à cette faveur, une avance de 8000 fr. à compte des livraisons, je me trouverois en état de faire graver toutes les cartes, et de commencer le premier volume, aussi tôt que l'Imprimerie impériale aura été autorisée à continuer cette édition.

Je ne puis, Monsieur, que vous renouveller les expressions de ma reconnaissance, et vous assurer de la haute considération avec laquelle j'ai l'honneur d'être,

Monsieur,

Votre très-humble et très-obéissant serviteur

Gossellin

www.ingramcontent.com/pod-product-compliance
Lightning Source LLC
LaVergne TN
LVHW020458230826
846091LV00008BA/3265

* 9 7 8 2 0 1 9 9 3 3 1 9 7 *